Mademoiselle

HONORINE

Actrice des théâtres du Palais-Royal et des Variétés

par

PAPA JUPIN.

> Flattez ou critiquez, le vrai seul est aimable
> Norine est un talent; un talent adorable
> JULES BESSI.

A

MLLE HONORINE

L'envie jalouse — qui nacquit un jour du désir et de l'impuissance — cause plus spécialement aux artistes des douleurs imméritées; mais un tourmenteur qui les poursuit sans trêve, c'est l'Art lui-même.

Vous avez su fléchir ce Maître despote au moyen de vos douces cajoleries, dont le charme est accru par les heureuses dispositions que vous tenez de dame Nature.

JUPIN.

Mlle HONORINE

ACTRICE DU PALAIS-ROYAL ET DES VARIÉTÉS.

Je vais vous raconter l'histoire de Mlle Honorine, ma compatriote, de l'actrice qui a fait rougir jusqu'au blanc des yeux, le proverbe en apparence inoffensif, mis en circulation par N.-S. Jésus-Christ :

« *Nul n'est prophète en son pays!* »

Cela commence comme une fable du bon vieux temps :

Il était une fois dans la ville de Nice, un tout petit type d'andalouse, une inspiration de Beaumarchais, deux coups de brosse de Velasquez, avec des sourcils veloutés, deux yeux brillants comme braise, des quenottes nacrées, des lèvres à rendre folles les plus vermeilles grenades, le teint chaud d'une nature méridionale, une chevelure noir-bleue, une taille de guêpe, un vrai petit joujou du bon Dieu, adorablement jeune, capricieusement enfantin, la pupille de Bartholo rêvant d'Offenbach, Honorine enfin !...

Honorine — ou plutôt Norine tout sec — venait chaque jour s'asseoir parmi ses compagnes modistes comme elle, dans un magasin de modes, rue du Pont-Neuf, 3, aujourd'hui remplacé par un élégant tailleur de vestons courts.

Elle se détachait — d'après un témoin oculaire — du milieu de ses compagnes, comme une rose dans le centre d'une corbeille de marguerites.

Norine était naïvement rouée, remplie d'ingénuité; sa voix perlée avait des inflexions si caressantes que rien que de l'entendre vous dire « bonjour monsieur » on se sentait remué jusqu'au dernier fond de l'âme.

La Rosine niçoise n'était pas sans posséder son Almaviva — l'infortuné Camille — guitariste émérite, mais dépourvu de blason, mort sur les côtes d'Afrique, victime de l'antropophagie des Cafres!...

Lorsque Camille soupirait ses romances érotiques le long de la route de Cimiez — en s'accompagnant de son instrument favori — une voix lutine répondait à ces démonstrations affectueuses par une éblouissante fusée de notes mélodieuses.

Heureux temps où la modiste souriait à tout: à Camille, au printemps, à l'avenir!...

Honorine rêvait souvent et quelquefois debout. Elle ne voyait pas dans ses songes, les apparitions échevelées de saint Antoine. Pour elle les vampires, les diablotins, les incubes et les succubes, prenaient la forme de la célébrité, des triomphes et des apothéoses.

Tous ces rêves lui valurent un mal incurable: la nostalgie des planches, mal qui torture ses pauvres victimes si on n'y répand le baume du désir accompli.

Une troupe dramatique française défrayait — à l'époque où nous sommes — les jouissances du public niçois.

Un soir on vit Norine brûler ses petites ailes de démon à la rampe du Théâtre Royal; puis elle partit, à la fin de la campagne théâtrale, avec cette même troupe et débuta quelques temps après sur la scène des Célestins, à Lyon.

Je vois ici apparaître Pougin — le comique chéri du public niçois — il apparaît comme le Mentor, le professeur d'Honorine, et c'est grâce à ses bons conseils que la jeune actrice put se former dans l'art difficile du théâtre.

M. Meynadier — un dépisteur de talents inédits — entendit Honorine et devina d'instinct tout le parti qu'on pouvait tirer de la débutante. Il en fit sa pensionnaire au théâtre d'Angennes de Turin dont il était *l'impresario*. La soubrette — Dejazet — encore inconnue comptait désormais parmi des artistes tels que Mlle Laurentine, pauvre jeune femme dont la mort faillit tourner l'esprit d'un auguste personnage, Mme Dorsan, la duègne actuelle du Théâtre Avette, Mastein, Bejuy, Pougin, etc., et les deux frères Eugène et Hippolyte Meynadier qui eussent grimpé au pinacle du succès si la camarde jalouse n'eût emporté le premier, et très-noble dame Fortune prodigué des faveurs à l'autre.

Grâce à sa volonté persistante, à ses dispositions innées, Honorine fut bientôt fêtée, puis choyée et gâtée par l'aristocratique public de la salle d'Angennes et ensuite du théâtre Scribe. La comédienne avait ébaubi son excellent professeur par la rapidité prestigieuse avec laquelle son talent s'était manifesté.

Les bravos tant rêvés se réalisèrent ; des fleurs triomphales venaient tomber chaque soir aux pieds d'Honorine, à Turin, à Gênes, à Milan, partout où elle se montrait.

Quand, remontant le fleuve de ses succès, elle entend bourdonner à son oreille les échos assoupis de ces démonstrations frénétiques, Honorine doit tressaillir de bonheur. Dans la mémoire d'une comédienne, ces souvenirs creusent de durables sillons.

Ici j'éprouve un certain embarras pour concilier ma franchise avec la vérité. Si je parle trop, je suis indiscret et je répugne — autant qu'un journaliste — à l'indiscrétion; me taire, c'est peut-être garder le secret de Polichinelle.

Comment dire pourtant qu'Honorine a eu son roman sentimental, un tout petit amour entré avec effraction dans son cœur qui n'a pu résister à cette violence?

Ne vous étonnez donc pas plus qu'il ne convient, puritains de mœurs, femmes vertueuses par nécessité. Si les princes aiment quelquefois les bergères — comme à l'Opéra-Comique — il est rare par contre que les bergères portent si haut leurs affections.

D'ailleurs, en ces matières délicates, les plus innocents sont souvent les plus coupables et *vice versa*. Il est donc prudent d'abriter ces petits mystères derrière le mur, tapissé de vertus et de roses jaunes, élevé par les soins de M. Guilloutet et mis au service de la vie privée.

Il manquait encore — il y a cinq ans — au talent d'Honorine — la suprême consécration parisienne, sans laquelle, malgré une force herculéenne, on n'est jamais qu'un Lilliput.

Elle songeât donc à se faire sacrer (ne pas écrire sucrer) non à Notre-Dame, mais simplement au théâtre du Palais-Royal, où elle fit florès *ex-abrupto*.

Offenbach a écrit pour elle le rôle de Metella, dans la *Vie Parisienne*, une pièce inepte. Bien que se trouvant au centre d'une pléiade de célébrités, Honorine a su conserver toute sa personnalité. Son imperceptible zézaiement — qui pourrait au besoin lui servir de certificat d'origine — est d'après votre serviteur — un charme de plus ajouté à ceux qu'elle possède. Au Palais-Royal comme aux Variétés, les applaudissements ne lui ont jamais été marchandés.

Depuis trois ans, M. Avette a l'heureuse inspiration d'engager Honorine, pour une suite de représentations extraordinaires.

Si la caisse directoriale savait écrire je lui céderais volontiers ma plume. Elle vous dirait en termes mathématiques, ce que vaut à un Théâtre, une artiste à succès.

Pour ma part je ne saurais trop flatter le talent d'Honorine. Elle rend chacune des pièces qu'elle interprète, avec une gaîté si franche, un esprit si vif, un naturel *si nature*, un tel brio de jeunesse, qu'il vous semble prendre part à l'action à laquelle vous assistez.

Qu'elle soit *gardeuse d'ours*, paysanne bretonne, ou villageoise bouffie de balourdise, qu'elle apparaisse sous les traits dégingandés de Marcasse ou sous le costume élégant de Metella, qu'elle chante les flons-flons d'Houssot ou la cocodette musique offenbachienne, qu'elle valse dans un salon princier ou dans un buis-buis de la barrière, toujours Honorine est à sa place, en comédienne consommée.

Voyez-là dans les *Premières armes de Richelieu*, — même après Déjazet — *le Marquis de Létorières, le Capitaine Charlotte, la Fille de Dominique, les trois Gamins, la Femme aux œufs d'or, la Marquise de Pritintaille, la Corde sensible, Indiana et Charlemagne, la Perle*

de la Cannebière, Garat, les Diables roses, un Mari dans du coton, la Vie parisienne, dans son répertoire enfin, vous sortirez émerveillé du spectacle, étourdi de la façon dont elle agite les grelots de sa folle gaîté.

Papa Jupin.

H onneur, trois fois salut, ravissante Norine.
O sirène niçoise à toi gloire et bonheur ;
N ous aimons aujourd'hui, beauté toute divine
O rner de quelques mots ta grâce et ta splendeur.
R eçois nos vœux ardents, actrice sympathique,
I ci comme partout on aime à t'applaudir,
N ous voulons tendrement, femme au talent magique,
E spérer que ces vers te feront bien plaisir.

Jules Bessi.

Imprimerie Caisson et Mignon, place St-Dominique, 1.